Nossa Senhora do Bom Parto: protetora das gestantes

Elam de Almeida Pimentel

Nossa Senhora do Bom Parto: protetora das gestantes

Novena e ladainha

Petrópolis

© 2008, Editora Vozes Ltda.
Rua Frei Luís, 100
25689-900 Petrópolis, RJ
www.vozes.com.br
Brasil

5ª edição, 2015.

2ª reimpressão, 2023.

Todos os direitos reservados. Nenhuma parte desta obra poderá ser reproduzida ou transmitida por qualquer forma e/ou quaisquer meios (eletrônico ou mecânico, incluindo fotocópia e gravação) ou arquivada em qualquer sistema ou banco de dados sem permissão escrita da editora.

CONSELHO EDITORIAL

Diretor
Volney J. Berkenbrock

Editores
Aline dos Santos Carneiro
Edrian Josué Pasini
Marilac Loraine Oleniki
Welder Lancieri Marchini

Conselheiros
Elói Dionísio Piva
Francisco Morás
Gilberto Gonçalves Garcia
Ludovico Garmus
Teobaldo Heidemann

Secretário executivo
Leonardo A.R.T. dos Santos

Editoração: Frei Leonardo A.R.T. dos Santos
Diagramação e capa: AG.SR Desenv. Gráfico

ISBN 978-85-326-3648-5

Este livro foi composto e impresso pela Editora Vozes Ltda.

Sumário

1. Apresentação, 7
2. Nossa Senhora do Bom Parto, 9
3. Novena de Nossa Senhora do Bom Parto, 11
    1º dia, 11
    2º dia, 13
    3º dia, 14
    4º dia, 15
    5º dia, 17
    6º dia, 19
    7º dia, 21
    8º dia, 23
    9º dia, 25
4. Oração a Nossa Senhora do Bom Parto, 28

5. Oração de agradecimento (para depois do parto), 29
6. Ladainha de Nossa Senhora do Bom Parto, 30

Apresentação

Nossa Senhora do Bom Parto é invocada principalmente pelas mulheres grávidas durante a gestação ou na hora do parto. É comemorada em 15 de setembro.

Nossa Senhora do Bom Parto teve muitos devotos em vários países e em épocas diferentes, e a devoção foi trazida ao Brasil pelos portugueses. O culto à Virgem do Bom Parto é tradicional na França, na Espanha e em Portugal, aparecendo com denominações semelhantes, tais como Nossa Senhora do Divino Parto, Nossa Senhora do Bom Parto, Nossa Senhora do Ó e Nossa Senhora da Expectação.

Este livrinho contém breve histórico sobre a capela de Nossa Senhora do Bom Parto, as características da sua imagem, a novena, oração e ladainha e também algumas passagens bíblicas, seguidas de uma reflexão, oração para Nossa Senhora do Bom Parto, acompanhada de um Pai-nosso, uma Ave-Maria e um Glória-ao-Pai. Contém também uma oração a Nossa Senhora do Bom Parto, que poderá ser recitada após cada dia da novena e/ou na hora próxima ao parto, e ainda uma oração de agradecimento para depois do parto.

A novena poderá ser feita durante nove dias seguidos ou em cada mês de gestação, podendo ser feita só pela gestante ou pelo casal.

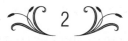

NOSSA SENHORA DO BOM PARTO

No Brasil, a primeira capela de Nossa Senhora do Bom Parto foi construída por volta de 1650, no Rio de Janeiro, para abrigar uma imagem trazida da Ilha da Madeira. Esta capela era dedicada a Nossa Senhora do Ó, chamada também de Expectação ou do Parto.

Mais tarde, foi construído, ao lado da capela, um abrigo para mulheres, cognominado *Recolhimento do Desterro*, uma espécie de Casa de Correção para mulheres (jovens que não se submetiam ao casamento imposto pelos pais ou as esposas que ali eram encarceradas pelos maridos sob o pretexto de os terem traído).

Este abrigo e parte da capela foram destruídos, anos mais tarde, por um incêndio, e a imagem de Nossa Senhora do Bom Parto foi salva por uma das mulheres do abrigo, sendo levada para o Hospital da Penitência e lá permanecendo até o dia em que o prédio foi reconstruído. Ali permaneceu até por volta de 1950 quando foi transferida para outra igreja porque o antigo prédio foi demolido para a construção de uma avenida.

Atualmente existem várias paróquias dedicadas a Nossa Senhora do Bom Parto, sendo que, no Tatuapé, cidade de São Paulo, está uma das mais tradicionais.

Uma das mais famosas esculturas brasileiras de Nossa Senhora do Bom Parto é a da matriz de Vila Boa de Goiás, que, atualmente, se encontra no Museu de Arte Sacra da capital goiana. A imagem da Virgem do Bom Parto do Rio de Janeiro se apresenta grávida, de pé sobre nuvens, vestida de branco, com manto azul e dourado. Tem as mãos juntas sobre o peito. Nas nuvens, sob os seus pés, aparecem três cabeças de anjo. Não tem véu nem coroa e tem os cabelos caídos sobre os ombros.

As imagens comuns de Nossa Senhora do Bom Parto apresentam a Virgem Maria de pé sobre as nuvens, vestida com manto que lhe cai dos ombros até os pés. Segura com as duas mãos o menino Jesus, nu e recém-nascido, deitado. Tem na cabeça um véu curto e não usa coroa.

Novena de Nossa Senhora do Bom Parto

1º dia

Iniciemos com fé o 1º dia de nossa novena, invocando a presença da Santíssima Trindade. Em nome do Pai, do Filho e do Espírito Santo. Amém.

Leitura do Evangelho: Lc 1,26-33

"No sexto mês, o anjo Gabriel foi enviado da parte de Deus para uma cidade da Galileia, chamada Nazaré, a uma virgem, prometida em casamento a um homem, chamado José, da casa de Davi. O nome da virgem era Maria. Entrando onde ela estava, o anjo lhe disse: – Alegra-te, cheia de graça, o Senhor está contigo! Ao ouvir as palavras, ela se perturbou e refletia no que poderia significar a saudação. Mas o anjo lhe falou: – Não tenhas medo, Maria, porque encontraste graça diante de Deus. Eis que conceberás e darás à luz um filho e lhe porás o nome de Jesus. Ele será grande e será chamado Filho do Altíssimo. O Senhor Deus lhe dará o trono de Davi, seu pai. Ele reinará na casa de Jacó pelos séculos e seu reino não terá fim."

Reflexão

Deus escolheu Maria para ser a mãe de seu Filho. Maria foi a "escolhida". Quando Deus-Pai determinou enviar o seu Filho e o Espírito Santo, fez nascer Maria. Ela foi pensada e querida por Deus para esta missão. Ela era o templo vivo de Deus para acolher o seu Filho.

Em meu corpo também está sendo formado um bebê e Deus está cuidando dele com amor. A vida formando-se é um dom de Deus. "Antes mesmo de te formar no ventre materno, eu te conheci; antes que nascesses, eu te consagrei e te constituí profeta para as nações" (Jr 1,5).

Oração

Senhor, protegei-me e a todas as mulheres grávidas. Que todas nós saibamos acolher com amor os nossos filhos gerados. Nossa Senhora do Bom Parto, protetora das gestantes, ajuda-me a zelar pelo meu filho ainda no meu ventre. Intercede por mim junto a Deus e concede-me a graça de um bom parto. Amém.

Pai-nosso, Ave-Maria, Glória-ao-Pai.

2º dia

Iniciemos com fé o 2º dia de nossa novena, invocando a presença da Santíssima Trindade. Em nome do Pai, do Filho e do Espírito Santo. Amém.

Leitura do Evangelho: Lc 1,34-38

"Maria perguntou ao anjo: – Como acontecerá isso, pois não conheço homem? Em resposta, o anjo lhe disse: – O Espírito Santo virá sobre ti e o poder do Altíssimo te cobrirá com sua sombra; é por isso que o menino santo que vai nascer será chamado de Filho de Deus. Até Isabel, tua parenta, concebeu um filho em sua velhice, e este é o sexto mês daquela que era considerada estéril, porque, para Deus, nada é impossível.

Disse então Maria: – Eis aqui a serva do Senhor. Aconteça comigo segundo tua palavra!

E dela se afastou o anjo."

Reflexão

Em Maria encontramos a presença e a entrega. O sim de Maria foi um ato de coragem, obediência e fé em Deus. Ela não se comportou passivamente diante das palavras do anjo, mas o questionamento dela foi solicitando esclarecimentos sobre a mensagem recebida. Não foi questionada a fé, pois, ao haver sido mais bem esclarecida, falou: "Eis aqui a serva do Senhor. Aconteça comigo segundo tua palavra!" Em Maria encontramos toda a capacidade de escuta, acolhida, entrega, fé.

Oração

Senhor, assim como Maria participou do Plano de Deus, concebendo Jesus com fé e serenidade, eu também acolho com alegria meu filho, dizendo sim à vida e dando prosseguimento ao seu projeto de amor. Nossa Senhora do Bom Parto ajuda-me e a todas as gestantes, iluminando nossas vidas para que possamos transmitir sentimentos de amor e afeto para o bebê que virá.

Pai-nosso, Ave-Maria, Glória-ao-Pai.

3º dia

Iniciemos com fé o 3º dia de nossa novena, invocando a presença da Santíssima Trindade. Em nome do Pai, do Filho e do Espírito Santo. Amém.

Leitura do Evangelho: Lc 1,39-40

"Naqueles dias, Maria se pôs a caminho e foi apressadamente às montanhas para uma ci dade de Judá. Entrou em casa de Zacarias e saudou Isabel."

Reflexão

Maria viajou até Judá em solidariedade a Isabel, para prestar seus serviços à gestante idosa, pois ficou lá por cerca de três meses, até Isabel dar à luz. A solidariedade está presente em Maria. Assim como Maria ajudou Isabel no período da gravidez, ela pode ajudar também a todas as gestantes. Nossa Senhora do Bom Parto, roga por mim e por todas as gestantes.

Oração

Senhor, protegei meu bebê e todas as mulheres grávidas. Acompanhai nossa caminhada, ajudando-nos a superar as dificuldades que possam aparecer neste período. Nossa Senhora do Bom Parto, ilumina nossa caminhada durante a gestação e na hora do parto. Amém.

Pai-nosso, Ave-Maria, Glória-ao-Pai.

4º dia

Iniciemos com fé o 4º dia de nossa novena, invocando a presença da Santíssima Trindade. Em nome do Pai, do Filho e do Espírito Santo. Amém.

Leitura do Evangelho: Lc 1,46-55

"Então Maria disse: – Minha alma engrandece o Senhor e rejubila meu espírito em Deus, meu Salvador, / porque olhou para a humildade de sua serva. / Eis que de agora em diante me chamarão feliz todas as gerações, / porque o Poderoso fez por mim grandes coisas: / O seu nome é santo. / Sua misericórdia passa de geração em geração, para os que o temem. / Mostrou o poder de seu braço / e dispersou os que se orgulham de seus planos. / Derrubou os poderosos de seus tronos e exaltou os humildes. / Encheu de bens os famintos / e os ricos despediu de mãos vazias. / Acolheu Israel, seu servo, lembrando-se de sua misericórdia, / conforme o que prometera a nossos pais, / em favor de Abraão e de sua descendência, para sempre.

Maria ficou com Isabel uns três meses e voltou para casa."

Reflexão

Maria sai de sua cidade e vai ao encontro de sua prima Isabel, que também está grávida e, juntas, louvam o Senhor. Segundo a espiritualidade bíblica, o louvor vem acompanhado de alegria. A alegria de Maria tem sua fonte em Deus Salvador que cumpre suas promessas. Ela proclama a alegria de sua maternidade através da qual nascerá um Filho, que assinala a salvação que Deus havia preparado diante de todos os povos.

Com este canto Maria nos ensina a ter esperança nas promessas de Deus, expressando toda a sua fé. Assim como Maria, vamos ter fé e agradecer a Deus por tudo de bom que nos tem dado.

Oração

Ó Senhor, quero agradecer por todos os momentos felizes de minha vida e suplico a Nossa Senhora do Bom Parto a graça de aprender a servir-vos e peço sua intercessão para vivenciar com alegria toda a gestação de meu filho, acolhendo-o com todo amor e carinho. Nossa Senhora do Bom Parto, zela por nós!

Pai-nosso, Ave-Maria, Glória-ao-Pai.

5º dia

Iniciemos com fé o 5º dia de nossa novena, invocando a presença da Santíssima Trindade. Em nome do Pai, do Filho e do Espírito Santo. Amém.

Leitura do Evangelho: Lc 2,1-7

"Naqueles dias saiu um decreto do Imperador Augusto, ordenando o recenseamento do mundo inteiro. Este foi o primeiro recenseamento no governo de Quirino na Síria. Todos iam registrar-se, cada um em sua cidade. Também José subiu da Galileia, da cidade de Nazaré, para a Judeia, à cidade de Davi, chamada Belém, porque era da família e da descendência de Davi, para se registrar com Maria, sua esposa, que estava grávida. Estando eles ali, completaram-se os dias para o parto, e ela deu à luz o seu filho primogênito. Envolveu-o em panos e o deitou numa manjedoura, por não haver lugar na sala dos hóspedes."

Reflexão

O decreto do imperador romano exigia que todas as pessoas fossem registradas no censo, em sua cidade natal. José viajou com Maria de quatro a cinco dias em caravanas de Nazaré a Belém que se distanciavam cerca de 150km. A gestação estava bem avançada. Na história da Salvação, nada acontece por acaso e tudo o que aconteceu veio confirmar uma profecia, a de Miqueias, sobre o local do nascimento do Messias: "Mas tu, Belém de Éfrata, embora pequena entre os clãs de Judá, de ti sairá para mim aquele que deve governar Israel" (Mq 5,1).

Jesus nasceu numa cidade pobre, numa manjedoura, estando presentes somente José e Maria, pessoas confiantes em Deus. Hoje, muitas crianças continuam sendo geradas e nascendo em condições de extrema pobreza.

Oração

Senhor, ajudai-me a confiar cada vez mais em Vós, que não nos desamparais em qualquer momento. Nossa Senhora do Bom Parto, ajuda-me a ter meu bebê em um bom lugar, cercado de muito carinho e de boa assistência médica. Que todas as gestantes também possam ter seus bebês com dignidade.

Pai-nosso, Ave-Maria, Glória-ao-Pai.

6º dia

Iniciemos com fé o 6º dia de nossa novena, invocando a presença da Santíssima Trindade. Em nome do Pai, do Filho e do Espírito Santo. Amém.

Leitura do Evangelho: Lc 2,8-19

"Naquela mesma região havia uns pastores no campo, vigiando à noite o rebanho. Um anjo do Senhor apresentou-se diante deles e a glória do Senhor os envolveu de luz, ficando eles muito assustados. O anjo lhes disse: – Não temais, pois vos anuncio uma grande alegria, que é para todo o povo: Nasceu-vos hoje, na cidade de Davi, um Salvador, que é Cristo Senhor. Este será o sinal: encontrareis o menino envolto em panos e deitado numa manjedoura. Imediatamente, juntou-se ao anjo uma multidão do exército celeste, que louvava a Deus, dizendo: – Glória a Deus nas alturas e paz na terra aos homens por ele amados.

Assim que os anjos se foram para o céu, os pastores disseram uns aos outros: – Vamos até Belém, para ver o acontecimento que o Senhor nos deu a conhecer. Foram depressa e encontraram Maria, José e o menino deitado numa manjedoura. Vendo-o, contaram as coisas que lhes foram ditas sobre o menino. Todos que ouviam isto, maravilhavam-se do que lhes diziam os pastores.

Maria conservava todas essas coisas, meditando-as em seu coração."

Reflexão

Desde o primeiro instante de sua vida, Jesus, o Messias, se identifica com os pobres. Os primeiros a receber a Boa Notícia (Evangelho) são os pobres e marginalizados, representados pelos pastores. As grandes obras de Deus são realizadas através das pessoas que acolhem com sinceridade e bondade as mensagens do Evangelho e assumem a vivência de uma identidade cristã. Maria aguardava com alegria e esperança a chegada de seu filho; ela conhecia as profecias do Antigo Testamento (Is 7,14).

Deus sempre esteve conosco ao longo de nossas vidas. Ele acompanhou Maria durante a gestação de Jesus. Acompanha todas as gestantes e também está presente na hora do parto.

Oração

Obrigada, Senhor, por tudo. Nossa Senhora do Bom Parto, ajuda-me a transmitir para meu bebê sentimentos de amor, segurança, proteção durante toda a gestação. Protege-me durante a gestação e na hora do parto.

Pai-nosso, Ave-Maria, Glória-ao-Pai.

7º dia

Iniciemos com fé o 7º dia de nossa novena, invocando a presença da Santíssima Trindade. Em nome do Pai, do Filho e do Espírito Santo. Amém.

Leitura do Evangelho: Jo 2,1-10

"No terceiro dia houve um casamento em Caná da Galileia, e a mãe de Jesus estava presente. Jesus e os discípulos também foram convidados para esse casamento. Tendo acabado o vinho, a mãe de Jesus lhe disse: – Eles não têm mais vinho. Jesus respondeu: – Mulher, o que temos nós a ver com isso? Ainda não chegou a minha hora. Sua mãe disse aos que estavam servindo: – Fazei tudo o que ele vos disser.

Havia ali seis talhas de pedra para as purificações dos judeus. Em cada uma cabiam duas ou três medidas. Jesus disse: – Enchei de água as talhas. Eles encheram-nas até a borda. Então Jesus disse: – Tirai agora um pouco e levai ao organizador da festa. Eles levaram. Logo que o organizador da festa provou da água transformada em vinho – ele não sabia de onde vinha, embora o soubessem os serventes que tinham tirado a água – chamou o noivo e lhe disse: – Todos servem primeiro o vinho bom e, quando já estão embriagados, servem o de qualidade inferior. Tu guardaste o vinho bom até agora. Este foi o início dos sinais de Jesus, em Caná da Galileia. Ele manifestou a sua glória, e os discípulos creram nele."

Reflexão

Maria intercede a Jesus para que a falta de vinho não atrapalhe a alegria da festa. Ela, sempre preocupada com todos, recorre a Jesus como intercessora de todos nós, pois sabe que, para Ele, tudo é possível. Ela sempre intercederá por nós, suplicando em favor da humanidade, conduzindo-nos no caminho em direção à verdade de Deus. Através dela, chega ao mundo a luz, a esperança, a salvação.

Oração

Nossa Senhora do Bom Parto, ajuda-nos a ver na humildade um caminho para a vida plena. Ajuda-nos a assumir com alegria o Evangelho. Que a graça de Deus me acompanhe e a meu bebê em toda a gestação e na hora do parto. Amém.

Nossa Senhora do Bom Parto, roga por nós.

Pai-nosso, Ave-Maria, Glória-ao-Pai.

8º dia

Iniciemos com fé o 8º dia de nossa novena, invocando a presença da Santíssima Trindade. Em nome do Pai, do Filho e do Espírito Santo. Amém.

Leitura do Evangelho: Jo 3,4-5

"Nicodemos perguntou-lhe: – Como pode nascer alguém que já é velho? Acaso pode entrar de novo no ventre da mãe e nascer? Jesus respondeu: – Na verdade eu te digo: quem não nascer da água e do Espírito Santo não pode entrar no Reino de Deus."

Mt 28,19
"Ide, pois, fazei discípulos meus todos os povos, batizando-os em nome do Pai e do Filho e do Espírito Santo, ensinando-os a observar tudo quanto vos mandei."

Reflexão

O batismo nos faz renascer e participar de toda a vida cristã. As mães são responsáveis por seus filhos desde que foram gerados ainda no útero. Assim, é importante a participação dos pais nesta ocasião do batismo, que é o sacramento em que a criança será apresentada e começará a participar da vida cristã. Nossa Senhora do Bom Parto, ajuda-me a criar meu filho segundo os mandamentos da lei de Deus.

Oração

Nossa Senhora do Bom Parto, suplico tua intercessão junto ao Pai para que eu tenha um bom parto. Agradeço-te o dom da vida de meu bebê. Ilumina-me para que possa educá-lo bem, transmitindo-lhe noções certas de paz, amor, justiça e solidariedade. Acolhe a minha oração confiante em Jesus Cristo. Amém.

Pai-nosso, Ave-Maria, Glória-ao-Pai.

9º dia

Iniciemos com fé este 9º dia de nossa novena, invocando a presença da Santíssima Trindade. Em nome do Pai, do Filho e do Espírito Santo. Amém.

Leitura bíblica: Sl 91 (90)
"Sob a proteção de Deus

Aquele que habita sob a proteção do Altíssimo / passa a noite à sombra do Todo-poderoso. / Pode dizer ao Senhor: – Ele é meu refúgio e minha fortaleza, / meu Deus, em quem confio. / Pois ele te livra do laço do caçador / e da peste maligna. / Ele te cobre com suas plumas, / e debaixo de suas asas te refugias; / sua fidelidade é um escudo e uma armadura. / Não temerás o pavor da noite / nem a flecha que voa de dia; / nem a peste que ronda no escuro / nem a epidemia que devasta em pleno dia. / Se tombarem mil a teu lado / e dez mil à tua direita, / não serás atingido. / Basta abrires os olhos, / e verás o castigo dos ímpios. / – É o *Senhor* meu refúgio –, / tu fizeste do Altíssimo tua morada. / Não te acontecerá mal algum, / nem a praga chegará à tua tenda. / Pois aos seus anjos dará ordens a teu respeito, / para que te guardem em todos os teus caminhos. / Eles te levarão nas mãos, / para que teu pé não tropece numa pedra. / Pisarás sobre o leão e a víbora, / calcarás aos pés a fera e o dragão. / – Porque ele se apegou a mim, eu o libertarei; / eu o protegerei, pois conhece o meu nome. / Quando me invocar, eu lhe responderei, / estarei com ele na tribulação, / eu o livrarei e o glorificarei, / eu o saciarei com longos dias / e lhe revelarei a minha salvação."

Reflexão

Maria aceitou com integridade o Plano de Deus ao dizer sim ao anjo por Ele enviado, reconhecendo sua presença em todos os momentos de sua própria vida e da de Jesus. Aceitou tudo com coragem, com fidelidade, protegendo e amando Jesus e todos nós.

Ó Nossa Senhora do Bom Parto, assim como enfrentaste tudo com resignação e fé em Deus, mesmo perante a crucificação de teu filho, peço-te força e fé na hora do parto. Nossa Senhora do Bom Parto, protege-me e a meu filho.

Oração

Amado Deus, ajudai-me a sentir a vossa presença em todas as situações. Nossa Senhora do Bom Parto, ajuda-me a esperar e a me alegrar com a chegada do meu parto. Ajuda-me a confiar em Deus e a acreditar que Ele estará comigo em todos os momentos de minha gestação e também na hora do parto. Amém.

Pai-nosso, Ave-Maria, Glória-ao-Pai.

4

ORAÇÃO A NOSSA SENHORA DO BOM PARTO

Nossa Senhora do Bom Parto, protetora das gestantes, ajuda-me durante toda a minha gestação, zelando por mim e por meu filho. Que eu sinta muita alegria durante toda a gravidez. Que eu saiba educar meu filho segundo os mandamentos cristãos.

Nossa Senhora do Bom Parto, intercede junto de Deus-Pai para que eu possa receber meu filho em um ambiente agradável, cercado com carinho. Ensina-me a agradecer a Deus por esta vida que está se formando e que entrego de coração em tuas mãos protetoras.

Nossa Senhora do Bom Parto, tu que foste mãe, olha por mim, pois estou insegura em relação ao parto. Dá-me a graça de ter um parto feliz. Faz com que meu filho nasça com saúde, forte e perfeito.

Nossa Senhora do Bom Parto, roga por mim e por todas as gestantes. Amém.

5

ORAÇÃO DE AGRADECIMENTO
(Para depois do parto)

Senhor, Deus de amor, entregamos nosso filho a Vós. Nós o acolhemos com amor, carinho e muita alegria. Abençoai esta vida, que ele seja feliz. Abençoai meu marido, meu filho, todos nós. Entrego-vos minha família, pois acredito que "tudo posso naquele que me fortalece".

Senhor, dai-me sabedoria para aceitar as dificuldades e coragem para procurar resolvê-las.

Derramai vossa bênção sobre nós. Que eu seja uma boa mãe, conduzindo meu filho no caminho do amor, da paz e da fraternidade.

Obrigada, meu Deus.

Obrigada, Nossa Senhora do Bom Parto. Amém.

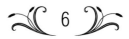

LADAINHA DE NOSSA SENHORA DO BOM PARTO

Senhor, tende piedade de nós.
Jesus Cristo, tende piedade de nós.
Senhor, tende piedade de nós.

Jesus Cristo, escutai-nos.
Jesus Cristo, atendei-nos.

Pai celeste, que sois Deus, tende piedade de nós.
Deus Filho, Redentor do mundo, tende piedade de nós.
Deus Espírito Santo, tende piedade de nós.
Santíssima Trindade, que sois um só Deus, tende piedade de nós.

Santa Maria, Rainha das Mártires, rogai por nós.
Maria, mãe de Deus, rogai por nós.
Maria, mãe do Salvador, rogai por nós.
Maria, cheia de graça, rogai por nós.
Maria, mãe de Jesus, rogai por nós.
Maria, mãe da humanidade, rogai por nós.

Maria, mãe do amor, rogai por nós.
Maria, mãe dos aflitos, rogai por nós.
Maria, mãe da solidariedade, rogai por nós.
Maria, mãe da compaixão, rogai por nós.
Maria, mãe dos humildes, rogai por nós.
Maria, mãe da confiança, rogai por nós.
Maria, mãe da oração, rogai por nós.
Maria, mãe da consolação, rogai por nós.
Maria, mãe do povo sofrido, rogai por nós.
Maria, mãe da sabedoria, rogai por nós.
Maria, mãe da paz, rogai por nós.
Maria, mãe das crianças abandonadas, rogai por nós.
Maria, consoladora dos aflitos, rogai por nós.
Nossa Senhora do Bom Parto, protetora das gestantes, rogai por nós.
Maria, mãe que fostes agraciada com a maternidade divina, rogai por nós.
Nossa Senhora do Bom Parto, intercessora das gestantes a Deus, rogai por nós.
Nossa Senhora do Bom Parto, que concedeis a graça de um bom parto, rogai por nós.
Nossa Senhora do Bom Parto, que ajudais as gestantes a assumirem a maternidade em todas as circunstâncias, rogai por nós.
Nossa Senhora do Bom Parto, que nos orientais para uma vivência cristã, rogai por nós.
Nossa Senhora do Bom Parto, que zelais por todas as gestantes, rogai por nós.

Nossa Senhora do Bom Parto, que ajudais a gestante na hora do parto, rogai por nós.
Nossa Senhora do Bom Parto, consoladora das gestantes, rogai por nós.
Nossa Senhora do Bom Parto, santa de bondade e poder, rogai por nós.

Cordeiro de Deus, que tirais o pecado do mundo, perdoai-nos, Senhor.
Cordeiro de Deus, que tirais o pecado do mundo, atendei-nos, Senhor.
Cordeiro de Deus, que tirais o pecado do mundo, tende piedade de nós, Senhor.

Jesus Cristo, ouvi-nos.
Jesus Cristo, atendei-nos.

Rogai por nós, Nossa Senhora do Bom Parto.
Para que sejamos dignos das promessas de Cristo.